OCTOBRE 1859

PIE IX — L'ÉGLISE

ODES RELIGIEUSES

PAR

M. l'abbé J.-M. DÉTOURS

Curé de Pommevic

MONTAUBAN

FORESTIÉ FILS (Charles), Imprimeur de Mgr l'Évêque et du Clergé

PLACE IMPÉRIALE

PIE IX ✶ L'ÉGLISE

◁ ODES RELIGIEUSES ▷

OCTOBRE 1859

PIE IX - L'ÉGLISE

« ODES RELIGIEUSES »

PAR

M. l'abbé J.-M. DÉTOURS

Curé de Pommevic

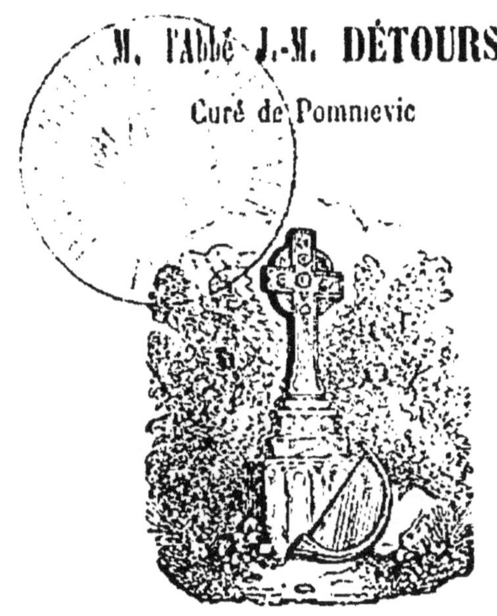

MONTAUBAN

FORESTIÉ FILS (Charles), Imprimeur de Mgr l'Évêque et du Clergé

PLACE IMPÉRIALE

Qui peut se dissimuler la gravité des évènements qui vont s'accomplir peut-être sur une terre où se porte aujourd'hui l'attention de l'Europe? Les assises sont déjà posées; déjà l'on compte les étapes préparées par l'insurrection pour marcher à l'anéantissement d'une auguste souveraineté, que tant de potentats avaient respectée jusqu'ici et que le Monde Catholique vénère.

La France a retenti déjà des protestations solennelles qui ont éclaté à la face du pays. — Les grandes voix de l'Episcopat se sont fait entendre avec toute l'énergie inspirée par les plus graves dangers... L'ennemi serait donc à nos portes, troublant encore notre sommeil du bruit de ces agitations qui *menacent le monde et font incliner les empires.*

Nous aussi nous les entendons, ces clameurs des tempêtes qui grondent, et ces voix de l'insurrection qui ne demandent que sang et ruines.

Au milieu des secousses et des bouleversements dont la France s'émeut depuis quelques années; pendant que les croyances sont en lutte et les consciences en travail; à côté du bruit que font les révolutions qui se succèdent si rapidement, notre pensée de Chrétien se porte aux conséquences que ces agitations amènent. Le sang répandu, les trônes renversés, les rois tremblant pour leurs couronnes si promptement enlevées par le souffle des émeutes, des peuples chancelants dans une patrie qui peut-être doit échapper le lendemain à leur amour; une heure qui sonne pour annoncer, comme un glas funèbre, l'agonie de l'œuvre des siècles; un homme évoqué, ce semble, pour accomplir l'étonnante mission de faire disparaître, comme une ombre, le travail lent et péniblement amassé par une génération qui a passé en laissant son nom à la mémoire des contemporains qui l'oublient sitôt, n'est-ce pas là l'œuvre de notre temps, ou pour mieux dire encore l'œuvre des conspirations qui semblent agiter une époque où se dévoilent à tous les yeux le génie des démolitions et le spectacle des ruines?

Puisque nous pouvons ressentir ces craintes, et nous trouver en présence de ces menaces, que faut-il attendre du temps? « Il ne sera » pas besoin de tempêtes, » a dit un écrivain trop célèbre (*), « pour achever d'abattre l'é- » difice ébranlé déjà : le flot... venant chaque » jour battre contre ces grandes ruines, cha- » que jour en emportera quelque nouveau » fragment, jusqu'à ce qu'un matin le soleil » se levant ne trouve plus à éclairer même un » pauvre dernier débris. »

Nous sommes presque jeunes encore, et que n'avons-nous pas vu dans les années écoulées? *Sunt lacrymæ rerum!* a dit Virgile en parlant d'une époque qui lui était chère, et en évoquant les souvenirs d'un vieillard dont il respectait la mémoire. Ne pourrions-nous pas

---

(*) LAMENNAIS, 3mes *Mélanges*, page 179.

dire, nous aussi, qu'il y a des gémissements inénarrables et de vastes désolations qui semblent planer sur un siècle où tant de larmes ont été versées et où tant de menaces ont acquis un fatal accomplissement? Et dans ces faits qui se fixent aujourd'hui dans la pensée du Catholique pour l'effrayer ou l'encourager dans sa sphère de gloire ou de martyre, ne lisons-nous pas que jamais siècle fut plus fertile que le nôtre dans les merveilleuses conceptions de ses génies, pourquoi faut-il dire aussi dans les fiévreuses pensées de ses anarchistes?

Nous érigeons des trophées et nous tressons des couronnes pour perpétuer la mémoire d'un grand homme; nous immortalisons sur la toile ou l'airain les magnifiques triomphes de nos frères sur les plages d'Afrique et aux champs à jamais célèbres de Sébastopol et de Solferino! C'est justice! Mais à côté de ces gloires dont nous sommes si fiers, puisqu'elles nous élèvent si haut dans l'appréciation des peuples de l'Europe, en même temps qu'elles provoquent de si acerbes jalousies dans l'esprit de quelques nations rivales, quelles profondes douleurs nous saisissent quelquefois en présence des grandes infortunes qui passent et repassent devant nous comme des ombres funéraires ou des spectres sanglants?

Ce n'est pas notre pensée, à nous, Dieu le sait, d'entrer dans le domaine de la politique; mais, en nous détachant même de tout système, pouvons-nous passer sous silence le spectacle douloureux de ce nouveau Golgotha où s'expose à nos regards la figure solennelle d'un Homme qui devrait être environné du respect de tous?

O doux Pontife! vous voyez *frémir les nations, et les peuples ourdir des complots pour secouer un joug* (*) que votre bonté n'a jamais imposé aux âmes qui vous vénèrent et qui vous aiment! Et cependant que d'épines on tresse sur votre front, que de sceptres dérisoires on place dans vos mains, et que de tor-

______

(*) Psaume 2.

rents d'amertume vous abreuvent! O grande et noble victime! nous nous inclinons devant vos augustes souffrances, et notre amour grandit en proportion des infortunes qui vous adviennent ou des outrages qui vous sont infligés par des enfants ingrats.

Nous flétrissons, autant qu'il est en nous, la conduite de ces hommes égarés, et, dans ce pieux écrit, nous payons un juste tribut d'hommages à la mémoire si chère du Père commun des Fidèles. Si, depuis quelques années, notre pensée s'est attachée avec prédilection à cette vie si pleine de mérite et si rayonnante de grandes vertus, il n'y a pas moins de bonheur pour nous d'exposer à tous les yeux les gloires qui couronnent cette existence si pleine de douleurs et d'amertumes, et en laquelle se résument néanmoins les plus brillantes promesses du Dieu *qui est la vérité et la vie.*

Entre l'échafaud de Louis XVI, ce Christ de la royauté, et la révolution romaine, cette sanglante saturnale qui ne laisse aucune excuse au crime ni aucune sanction au génie de l'émeute, nous ne trouvons pas de martyre plus imposant que celui de Pie IX, qui a bien été, lui aussi, le *virum dolorum* des Saints Livres.

Aussi est-ce bien parce que ce double caractère de sainteté et de souffrance resplendit dans son admirable vie, que nous avons voulu en pénétrer les grandeurs et en évoquer quelques touchants souvenirs? Nous avons occupé quelquefois des heures de solitude et de repos à retracer les premières années de son Pontificat, sa marche au Capitole, qui a été si près pour lui de la roche Tarpéienne, et ses courses à travers une nation qui ne faisait qu'embellir une voie douloureuse. Faudrait-il craindre qu'une destinée plus lamentable encore dût s'accomplir pour ce vénéré Pontife, vers lequel s'élèvent tant de généreuses aspirations, et qu'accompagnent tant d'expressions de saint amour?

Hélas! les peuples dressent et détruisent à leur gré, et le marteau des révolutions s'est attaché déjà à tant de colonnes pour en faire des débris, que nous ne devons pas être étonnés qu'une ruine de plus aille bien à leur caractère destructeur et à leurs pensées de renversement.

Espérons toutefois que les promesses sacrées ne feront pas défaut au Père bien-aimé qui a fourni déjà sa lamentable carrière sur la voie des infortunes humaines. L'enfer pourra se soulever dans ses abymes, mais le Ciel s'ouvrira aussi pour laisser éclore quelque nouvelle phase de miséricorde; et dans cette nouvelle lutte de deux puissances, nous verrons, pour l'applaudir, une nouvelle initiation de triomphe pour cette majestueuse figure qui porte en soi les promesses de l'éternité et la parole d'un Dieu.

Confiant dans ces promesses, nous espérons des jours meilleurs après les jours d'épreuve. Nous espérons voir s'élever encore vers le Ciel ces mains sacrées bénissant *Rome et le monde*, pour bénir les téméraires blasphémateurs d'une si auguste puissance et d'une si touchante majesté.

En ce jour où il semble que plus de liens nous rattachent à l'illustre et antique Métropole de la Foi, notre pensée vole à Rome, témoin de tant de gloire et de tant d'insultes, et dépose aux pieds du trône béni de Pie IX ces humbles pages, comme un pieux et sincère témoignage de notre vénération, de notre respect et de notre amour.

En produisant cet écrit ou cette inspiration poétique, pour laquelle nous implorons l'indulgence de nos Lecteurs, nous ne sommes avides ni d'approbation ni d'éloges : — nous ne prétendons pas à cette gloire futile, nous sommes heureux seulement d'avoir donné issue à la voix du cœur, et à l'expression d'un sentiment qui traduira faiblement encore, et notre amour pour une cause sainte et juste, et notre fervente admiration pour *l'Homme de la droite de Dieu,* que le Ciel n'abandonnera pas dans une lutte où les passions humaines l'ont engagé, et qui n'a jamais été provoquée par les actes d'un Pontificat si digne d'éloges.

Qu'une sainte croisade de prières se fasse

dans les populations catholiques, afin que l'horizon des Etats Romains se rassérène, et que le Souverain Pontife, ce dépositaire auguste des promesses et de la puissance de Dieu, voit éclore enfin autour de lui une ère nouvelle de foi, qui assure à l'Eglise la paix en Dieu, et au monde une concorde bénie du Ciel. *Fiat pax in virtute tuá...*

J.-M. D.

20 NOVEMBRE 1859.

PIE IX

❦

(1848-1859)

Semblable au divin Maître marchant sur les flots du lac Galiléen, la l'apauté s'avance sur les flots des révolutions, et ne craint pas que l'abyme s'ouvre pour elle, parce que l'esprit de Dieu la soutient. Que de bruits, d'efforts, de conjurations de toute nature pour jeter à bas le successeur de saint Pierre : et le vieillard sublime est toujours là ! ! !

POUJOULAT (Tosc. et Rome).

Un seul homme ne tremble pas : le Prêtre de Rome.

L'Abbé ROHRBACHER (Hist. de l'Eglise, t. 29, p. 579).

I

Quand le Chef des Hébreux, priant sur la montagne,
Du peuple élu de Dieu sanctifiait les pas,
Ses guerrières tribus, que la gloire accompagne,
Au Sauveur d'Israël consacraient leurs combats.
Le Sinaï fumait; à cet aspect terrible,
Les tribus bénissaient le Seigneur invincible,
Le Ciel se révélait par la foudre et le feu;
Et sur ce mont sacré, marchepied de ses gloires,

L'Éternel à Moïse annonçait ses victoires,
Et Moïse écoutait son Dieu !

Agenouillés sur la poussière,
De Juda ces bénis enfants
Du Sinaï fumant contemplaient la lumière,
Et l'hosanna joyeux éclatait dans leurs chants ;
Quand Moïse lui seul, plein du Dieu qui l'appelle,
Législateur sublime, à ses ordres fidèle,
Affronte sans pâlir le tonnerre et les feux,
Interprète des voix qui grondent dans la nue,
Celle de Jéhovah, son amour l'a connue,
Il a sondé les cris des cieux !

II

Comme lui, Chef puissant et sublime interprète,
Tu t'armes pour combattre où la lutte s'apprête,
Tu marches en vainqueur, guidant ton peuple-roi ;
Et ton sceptre à nos yeux est la sainte prière,
Force des cœurs élus, radieux sanctuaire,
Où Dieu se communique à Toi !

Déjà, ressuscitant ce colosse de gloire
Dont un brillant passé nous légua la mémoire,
Ton amour s'élabore à grandir son bonheur ;
Et Rome, Rome encor rayonnant de conquête,

S'agenouille aujourd'hui sous ta pauvre houlette,
  Comme sous la main du Seigneur !

Elle a compris que seul, pour étouffer sa plainte,
Père aux soupirs bénis, tu lutteras sans crainte
En versant près de Dieu les larmes de ton cœur ;
Ce peuple où vit ta vie, où respire ton âme,
C'est Toi qui le défends, c'est ta voix qui l'enflamme,
  C'est ton nom qui le rend vainqueur !

Emule des Pasteurs dont tu connais l'ouvrage,
Tu sais que pour ravir ses titres à l'outrage,
Pontife et Souverain, il te faut son amour ;
Qu'il faut, pour accomplir tes grands desseins de père,
Que cet enfant béni, sous ton œil qui l'éclaire,
  Dans ton jour reflète son jour !

Aussi, près des palais, aux lieux que ton pied foule,
Ecoute tous les cris de cette immense foule
Comme les flots des mers vibrant le même bruit :
Ton nom c'est son bonheur, et ta vie est sa vie,
C'est un rayon levé sur la cité ravie,
  Comme l'aurore après la nuit !

En vain, pour refouler la vague qui l'entraîne,
Quelque despote armé, dans sa profonde haine,
Voudrait sur des débris revendiquer ses droits ;
Il voudrait... mais ton nom repousse toute entrave,

3

Et l'on ne peut toujours comprimer une lave,
    Comme on peut affronter des rois!

Aussi la Chrétienté, de sa voix forte et grande,
Te répète sans cesse : « Au flot qui nous gourmande
» Oppose, ô Père Saint ! tes droits sur l'univers;
» Prêtre ! il te faut à Toi, pour gouverner la terre,
» Ta houlette de paix, ce sceptre tutélaire
    » Qui console tous les revers.

» Rome, qu'un jour la terre adopta pour patrie,
» Respecte, en s'inclinant, la main qui la châtie;
» Tu rajeunis sa gloire en lavant ses affronts;
» Et tes Romains, à Toi, du haut de leurs collines,
» Évoquant sous tes yeux leurs vieilles origines,
    » Tressent des lauriers sur leurs fronts. »

Oh! c'est qu'ils ont un Chef, vengeur de leur mémoire,
Dont l'éclat resplendit aux pages de l'Histoire,
Maîtrisant de son poids l'avenir incertain;
C'est que ce Roi béni, législateur suprême,
Unit aux doux fleurons d'un sacré diadème
    Un impérissable destin!

Couronné, comme un dieu, d'une antique auréole,
Son titre brille ailleurs qu'au front du Capitole,
Partout il étincelle immortel, radieux;
C'est pour notre horizon un rayon tutélaire,

Un reflet émané du soleil séculaire
    Qui s'allume au foyer des cieux !

Pour doter l'avenir de ses hautes conquêtes,
Il n'attristera point les âmes inquiètes,
Mais il resplendira sous nos yeux éblouis ;
Car cette Papauté, qui de Dieu seul relève,
Peut grandir bien long-temps sans que les coups du glaive
    Ensanglantent son Austerlitz !

Pontife, élu du Dieu qui gouverne le monde,
Sa gloire est toujours pure, immortelle et féconde :
Il combat pour le Ciel sans les horreurs du sang ;
Des révolutions il affronte l'audace,
Et jamais son grand cœur n'évoque une menace
    Qui puisse attrister l'innocent.

Aussi, près des palais où sa splendeur rayonne,
Dans Rome, où Dieu lui-même a placé sa couronne,
Rien ne peut se livrer aux chances du hasard :
Son glaive à deux tranchants, c'est l'amour, la prière,
C'est sa main effaçant aux deux bouts de la terre
    La sentence de Balthazard.

Qu'importe, pour briser l'œuvre que sa main fonde,
Que des dissensions la racine profonde
Germe, comme l'ivraie, au seuil du Vatican,
Et que son nom béni, que le Chrétien révère,

Soulève contre lui quelque flot délétère,
        Comme une lave de volcan !

Qu'importe que les voix des sanglants cannibales,
Vainqueurs par les forfaits, au front des capitales
Clament, dans leur délire, un pouvoir destructeur,
Ou qu'un peuple, jouant avec la main du crime,
Tresse, en l'injuriant, sur sa tête sublime
        L'épine atroce du malheur !

Nouveau Christ, qu'on immole à ce nouveau Calvaire,
Il voit monter vers lui tous ces flots de colère,
Mais ce dur Golgotha n'arrête pas son cœur...
Il marche quand vers lui le vil serpent se dresse,
De son hideux contact souillant avec ivresse
        Son auréole de vainqueur !

Oh ! quand un noir passé, dans ses hideux abymes,
Pour nourrir sa fureur plongeait tant victimes,
Quand la foi des martyrs éclatait sous nos yeux,
Et que, dans nos cités, une voix vengeresse
Poussait ces cris de mort que leur infâme ivresse
        Hurlait en blasphémant les cieux ;

Quand nos regards ont vu quelque ombre expiatoire
Subir, près des cercueils où s'étalait leur gloire,
Les tyranniques lois d'un pouvoir odieux,
Ivres de tant de sang versé sur chaque plage,

Que faut-il donc encor pour aimanter la rage
      Qui semble grandir sous leurs yeux ?

Temples, vertus, amour, pitié, gloire et patrie,
Tous ces noms vénérés des droits qu'on injurie,
Faut-il tout immoler à leur cupidité ?
Caresser et bénir le lion qui dévore ;
Aimer jusqu'à sa soif, qui se délecte encore
      Sur un cadavre ensanglanté ?

Toi-même, devrais-tu, pour assouvir sa rage,
Subir, pieux Pontife, un si féroce outrage?
Toi qu'un vrai cœur de père attache à des ingrats,
Toi que poursuit toujours la haine ou l'anathème,
Dois-tu laisser flétrir ton sacré diadème,
      Quand ton âme ne maudit pas?

Dois-tu voir des tribuns que la terreur évoque,
Mandataires sanglants des forfaits d'une époque,
Propager leur idée à l'aide des bourreaux ;
Être les artisans de nouvelles victoires,
Et, frères sans pitié, prostituant nos gloires,
Changer le char des rois en rouges tombereaux?...

Non! non! qu'un vain pouvoir, outrageant ses conquêtes,
Fasse éclater sur lui la foudre ou les tempêtes,
Et ne lègue à ses jours que la fuite ou l'exil,
Plus grand que les revers, plus fort que la menace,

Le Pontife sourit au flot grondant qui passe,
Il prie en face du péril !

Car il sait que le Dieu gardien de l'innocence
Pour le juste opprimé devient une puissance,
Qui brise en se jouant des despotiques lois,
Et que sa volonté, plus forte que la terre,
Guide le peuple élu, la race héréditaire
Qui marche à l'ombre de la croix !

Et toi, Rome, aujourd'hui témoin de nos conquêtes,
Mêle tes chants joyeux aux accords de nos fêtes,
Vois nos fils accourir pour soulager tes maux.
Restaurateurs des rois flétris par l'anathème,
Ils préparent pour toi l'éclatant diadème
Qui rayonne au front des héros.

Ils sont là, ces héros protecteurs de ta gloire,
Qui, sous la main du Dieu qui donne la victoire,
Volent pour disperser d'implacables tyrans !
Fils des preux, les voilà, ces géants des batailles,
Brûlant de conjurer les longues représailles
De ces despotes délirants !

C'est bien, ô France aimée ! honneur à ma patrie !
Elle sait restaurer la majesté flétrie,
Du Vicaire du Christ elle venge les droits ;
Elle marche, et sa main, au front du Capitole,
Arbore aux yeux du monde, ainsi qu'une auréole,
  L'étendard du Sauveur des rois !

Ah ! nous vous bénissons, vous nos amis, nos frères :
Vous avez désormais fait autant que vos pères !
Pour nous, vous êtes grands avant d'être vainqueurs !
Une palme de plus resplendit sur vos têtes,
Et la Cité Chrétienne, admirant vos conquêtes,
  Ne voit en vous que des sauveurs !

III

Sympathique témoin des douleurs de tes frères,
Ton âme a ressenti leurs souffrances amères,
Pontife, prêtre, ami, tes larmes ont coulé ;
Et ce monde légué par une voix divine,
Tu veux l'étreindre encor sur ta sainte poitrine
  Quand ton amour l'a consolé.

Car c'est là l'héritage où ton zèle s'enflamme :
Il faut la vaste arène aux désirs de ton âme ;
Prêtre de l'Eternel, il te faut, comme à lui,
Des trônes à fonder, des états à soumettre,

Sentir sous ton étreinte un monde prêt à naître,
    Régner où sa puissance a lui.

Phare resplendissant sur nos lointains rivages,
Regarde autour de toi, pareils aux anciens mages,
Les peuples saluant ta douce royauté ;
. Et dans ta Rome même, où les grandeurs s'admirent,
Ecoute tous ces vœux que les âmes soupirent
    Sur le seuil de la Papauté !

C'est comme un chant d'amour et de douce espéran⁀e ;
C'est l'hymne universel qui toujours recommence,
Harmonieux accords de nos cœurs triomphants ;
C'est ta Rome à genoux sous ton regard de père,
C'est le monde, c'est nous que ton grand nom éclaire,
    Ce sont tes frères, tes enfants !

Oui, ces trésors de joie et ces chants d'allégresse
Que semaient sur tes pas, dans une sainte ivresse,
Ces peuples que naguère a visités ton cœur,
Ces cités admirant tes marches triomphales,
Ces pompes, ces splendeurs des vieilles capitales
    Saluant ton pouvoir vainqueur.

De tes pieux vassaux les grandeurs tributaires,
L'airain vibrant partout, les temples séculaires
Ouvrant leur large seuil aux Chrétiens étonnés,
Cet électrique amour courant de plage en plage,

S'agrandissant encor du magnifique hommage
        Des rois sous tes pieds prosternés !

Témoignage éclatant que garde ta mémoire,
Tu les as recueillis ces lauriers, cette gloire ;
Le monde a tressailli des désirs de ton cœur ;
Et quand tous ces bienfaits illuminaient tes voies,
Loin de Toi, nous aimions à confondre nos joies
        Avec ces signes de bonheur.

Car tes fêtes à Toi, Pontife qu'on admire,
Ce sont les cris d'amour du pacifique empire
Qu'à ton sceptre divin le Ciel a confié ;
Canal mystérieux des trésors que Dieu donne,
Nos vertus font ta gloire, et ta main nous couronne
        D'un bien par la terre oublié.

Car si le monde acclame et bénit tes conquêtes,
Si, pour chanter ton nom ou pour orner tes fêtes,
Les hymnes de triomphe éclatent sous tes yeux,
Toi, du trône entouré de nos vœux séculaires,
Tu réponds à nos chants par l'accent des prières
        Qui de ton cœur montent aux cieux !

IV

        Oh ! que le Ciel te soit prospère !
        Les temps te pressent, hâte-toi ;

Que notre âge fécond s'éclaire
Des saintes lueurs de la foi !
O Chef ! que ta voix souveraine
Guide nos pas dans cette arène
Où la valeur est toujours vaine
Quand Dieu délaisse les héros !
Marche où s'élèvent nos courages,
Et songe qu'au sein des naufrages,
Parfois, dissipant les orages,
Le Ciel sourit aux matelots !

Que cette mer était houleuse
Lorsque, emportant chartes et lois,
Sous sa vague tumultueuse
S'engloutissaient trônes et rois...
Ère de brûlante souffrance,
On aurait dit que la démence,
Comme une implacable vengeance,
Prenait place à tous les conseils,
Et que les rois devaient eux-mêmes,
Malgré l'or de leurs diadèmes
Subir l'affront des anathèmes
Qu'un homme jette à ses pareils ?

Mais Toi, ce trône où Dieu t'élève
Devait briser sous sa grandeur
Ce vain pouvoir que l'homme rêve

Dans les délires de son cœur;
Appas menteurs que l'on caresse,
Sous cette magnétique ivresse
Un instant leur vigueur s'affaisse,
Ils sont étonnés de leur sort;
Insensés, qu'au seuil de leur trône
Un jour la fortune abandonne,
Et qui voudraient que leur couronne
Les ravît aux lois de la Mort!

Mais, hélas! dans leur impuissance
Croiraient-ils étouffer ses droits,
Quand la chaumière et l'opulence
Sont soumises aux mêmes lois?
Cette implacable messagère
Promène sa faulx meurtrière
Sur le royaume séculaire
Et sur ce qui ne vit qu'un jour:
Abyme béant où tout tombe,
Où chaque horizon est la tombe,
Dernière demeure où succombe
Le bonheur, la haine ou l'amour!

Mais Toi, tu vis toujours le même,
Chaque siècle admire en passant
La jeunesse du diadème
Qui rayonne à ton front puissant.

L'homme s'éteint, et tu demeures ;
Tes lois mêmes semblent meilleures
A mesure que d'autres heures
Nous poussent vers l'éternité ;
Les ans confirment ton ouvrage,
Et leur irréparable outrage
Respecte toujours ton image,
O radieuse Papauté !

Nos révolutions rapides,
Les mouvements des nations,
Les trônes, ces autels splendides
Où germent tant de passions,
Tu les combats, tu les effaces ;
Les vieux palais, sous tes menaces,
Croulent ou tombent quand tu passes
Comme un triomphateur géant ;
Debout sur ces grandes poussières,
Tu lèves tes mains tutélaires
Pour porter à Dieu les prières
Que tu verses sur leur néant !

V

C'est que, pour agrandir les royaumes qu'il fonde,
Dieu te livre un secret des lois qu'il donne au monde ;

C'est que ton siège auguste est aussi son séjour ;
C'est qu'il parle par Toi, qu'il vit dans ta pensée,
Couvrant de son mépris la puissance éclipsée
    Qui lui refuse son amour !

C'est qu'il tient dans ses mains les trônes qu'il protège,
Qu'il donne au Prêtre élu sa force pour cortège,
Pour point d'appui son nom, et pour espoir le ciel,
Et que, sur le rocher où son palais s'élève,
Comme l'ange d'Eden, son bras agite un glaive
    Qui défend et sauve Israël !

Qu'importe, autour de lui, que de lâches doctrines
Minent des saintes mœurs les vivaces racines,
Son Pontife toujours garde l'humanité ;
Echo des voix du Ciel, sa voix puissante et forte
Domine ces vains bruits de la terre, et les porte
    Au seuil de l'immortalité.

Un jour, il lui fut dit : « Pour consacrer ma gloire,
» Les siècles tour-à-tour béniront ta mémoire,
» Contre ce trône en vain lutteront les enfers : (¹)
» Le Prêtre au Quirinal inscrira ses conquêtes,
» Et sa main, apaisant le long bruit des tempêtes,
    « Bénira Rome et l'univers ! » (²)

_____

(1) Portæ inferi non prævalebunt. (*Ev. S. Mat.*)
(2) Urbi et orbi.

VI

Père auguste! ô Pasteur du grand troupeau des hommes,
Trône issu d'un Dieu même, arche au ciment divin,
Colonne séculaire, où s'appuyent les royaumes,
Arbre où germent toujours les bonheurs de l'Eden !

Berceau des souvenirs où s'attache notre âme,
Source des nations qu'alimente ta main,
Comme une humble famille à qui Dieu, par la femme,
    Donne l'aumône de son pain;

Ma voix, pour te chanter, monte avec ma prière,
Avec les mille cris éclos dans l'univers,
Comme un chant d'alcyon sur le flot solitaire
Que l'écho seul répète à l'horizon des mers :

Radieuse harmonie, éclatante mémoire
Que la terre charmée élève au Créateur,
Quand Dieu lui-même inscrit aux pages de l'Histoire
    Le nom chéri de son Pasteur !

De tes jours douloureux qu'un nouveau jour surgisse,
Dégagé des terreurs que la haine ameuta,
Et que ton règne, ô Pie! à nos yeux s'établisse
Sans l'effrayant aspect d'un nouveau Golgotha !

Puisse ta Rome, avec ses antiques croyances,

Comme un enfant gardé par un pouvoir divin,
Promettre à l'avenir ces riches espérances
        Qui n'éclosent jamais en vain !

Que ce rayon béni qui part de tes collines,
Pour verser un bonheur sur le monde étonné,
S'épande comme un flot des promesses divines,
Et ranime ton peuple, à grandir destiné !

Mais, hélas ! quel spectacle ! et que d'amers calices
Pénètrent dans l'asyle où pleurent tes enfants
Quand le poids des douleurs ou la voix des supplices
        S'attache à tes pas triomphants !

O leçon du malheur ! que vous êtes sévère !
Nouveau Christ, contre Toi quel implacable effort !
Le Thabor va céder à la croix du Calvaire,
Et ton âme est déjà triste comme la mort.

Triste comme la mort, car le crime et l'outrage
Que l'émeute en délire amasse sous tes yeux,
Sont les cris forcenés d'une hideuse rage
        Luttant toujours contre les Cieux !

O Père ! quand des Juifs la sanglante vengeance
Préparait ses tourments à l'Homme des douleurs,
Une femme puisait un retour d'espérance
En embrassant ses pieds, qu'elle baignait de pleurs ;

Et plus tard, quand la croix, au sommet du Calvaire,
Devint le lit d'honneur de Jésus expirant,
Une autre femme encor, douce comme une mère,
 Semblait mourir avec son fils mourant;

Nous aussi, quand le mal sème tant de ruines,
Les voix de nos douleurs répondent à ta voix;
Nous portons comme Toi la couronne d'épines,
Et, frappés de tes coups, nous mourons sur ta croix.

L'ÉGLISE

Au centre de la civilisation, sur cette terre où les arts et les sciences semblent avoir reculé les limites du possible, là est une autorité sainte qui, sans armes, sans gardes prétoriennes, lutte depuis 19 siècles contre les corruptions du monde. Devant elle tous les fronts s'inclinent... Semblable à un géant que des enfants s'efforceraient de renverser, cette autorité vénérable reste debout, toujours inébranlable, et son immobilité seule est une victoire.

(Le P. LACORDAIRE.)

L'Eglise est sur la terre le flambeau de l'humanité : elle verse des torrents de lumière sur les nations, qu'on l'accuse d'aveugler et d'abrutir; elle console, élève, encourage et ennoblit, par l'espérance des plus glorieuses destinées, l'homme, qu'on l'accuse d'abattre et d'avilir.

(L'Abbé DE RAVIGNAN.)

Vade in hôc fortitudine tuâ...
Ego ero tecum.

(Ex Lib. Jud.)

I

Tu gardes donc toujours ta gloire et ta beauté,
Flambeau majestueux dont s'éclairent les âges ;
Rien encor dans tes cieux n'a terni ta clarté,
Lorsque tant de clameurs présageaient tant d'orages !

Ils avaient dit pourtant, ces hommes du passé
Qui prétendaient souiller l'air de notre jeunesse :

« Colonne où du Seigneur le regard s'est baissé,
« Sceptre qui doit tomber de la main qui te presse,

« De siècle en siècle en vain étalant tes grandeurs,
« Ton peuple de croyants prie en son arche sainte :
« Quand nos fils sont lassés de tes vieilles erreurs,
« A nos cultes récents il faut une autre enceinte !

        « Aussi, demain, sur ces monts foudroyés,
          « Nous dresserons le sublime édifice ;
« Sur les débris du temple entassés à nos pieds
« Nous aurons pour nos dieux un nouveau sacrifice ;

« Car du siècle présent la vie est en nos mains...
« Interprètes choisis des volontés suprêmes,
« Nous allons sur le front des peuples souverains
        « Faire briller l'or de nos diadèmes.

« Tremble donc, vieille Rome ! A ton règne passé
« Nos gloires vont montrer le prestige effacé
        « De tes flamboyantes coupoles.
« Un nouveau jour se lève, et l'astre de nos cieux
« Ne veut plus éclairer le temple où nos aïeux
        « T'admiraient dans tes auréoles !

« Quand, vainqueurs couronnés, nous sommes grands et forts,
« Quel bras résisterait à nos puissants efforts ?
        « La terre n'a plus de prophètes,

« Le vieux monde s'écroule, et le malheur, son roi,
« N'a plus pour l'étayer qu'une sanglante loi
        « Écrite au milieu des tempêtes !

« Ce rayon qui, jadis, de Rome aux sept côteaux
« Éclairait, dans leur nuit, les funèbres tombeaux,
        « Va s'éteindre auprès de nos gloires ;
« Et pour le temple auguste, en nos jours embelli,
« Comme pour les héros nous avons recueilli
        « Une auréole de victoires.

« Eh quoi ! ces dieux honnis, ce culte suranné
« Par un peuple ignorant de terreur couronné,
        « Et toujours fécond en ruines,
« Tout cet amas d'erreurs, ces dogmes ennemis,
« Étalant joie ou pleurs à nos destins promis,
        Pousseraient encor des racines !

« Arrière ! quand le siècle ennoblit ses haillons,
« Quand l'homme, en saluant ses belles destinées,
« Tresse encore sur le front des villes étonnées
        « Ses gloires couronnées
« Des plus brillants trésors germés dans nos sillons :

« La vieille Papauté, dans ses efforts stériles,
« Ne peut plus étaler ses royales grandeurs ;
« Quand vingt siècles d'orage ont grondé sur nos villes,

« Nos peuples, éclairés dans leurs progrès dociles,
« Pour leur âge agrandi veulent d'autres splendeurs! »

II

Ces clameurs de l'envie ont passé sans vengeance...
Comme un vaisseau lancé sur une mer immense,
L'Église a dédaigné ces funestes terreurs :
Dominant les projets de la plèbe farouche,
Son pouvoir à l'instant brise tout ce qu'il touche,
Le peuple et ses orgueils, le monde et ses erreurs !

Soleil resplendissant sur la montagne sainte,
Sa clarté grande et pure illumine une enceinte
Un jour, hélas! rebelle à ses feux triomphants!
Océan de lumière, éblouissants rivages,
Vos flots ont fécondé, dans le berceau des âges,
L'héritage immortel qu'implorent vos enfants.

Eh quoi! des insensés, dans leurs fureurs croissantes,
Essayaient d'étouffer tes splendeurs rayonnantes,
Ces gloires que le Ciel amassa sur ton front;
Souillant ton agonie aux flots de leur colère,
Ils croyaient comprimer dans un étroit suaire
Tes membres endurcis contre un stérile affront.

Ils ne savaient donc pas qu'aux jours de ses victoires
Dieu, de ton avenir accumulant les gloires,

Sur le sol des martyrs t'élevait comme un roi ;
Et que, pour rehausser ton sceptre tutélaire,
Il t'avait dit : « Tes feux éclaireront la terre !
« Le monde en frémissant passera devant Toi !

« De mon sang, tu le sais, j'ennoblis tes conquêtes ;
« Plus grand que les revers, plus fort que les tempêtes,
« Un reflet de mes cieux a rejailli sur Toi,
« Et, lorsqu'un jour des Juifs l'implacable colère
« M'attacha sans remords au gibet du Calvaire,
« N'as-tu pas dit : C'est Dieu qui s'est livré pour moi ? (')

« Oui, sur ce mont sacré témoin de mes victoires,
« De la mort, de l'enfer j'ai dominé les gloires, ('')
« Tes fils m'ont adoré dans leur route de sang ;
« Triomphateurs grandis en ce nouveau baptême,
« Moi, leur Dieu, sur leur front, d'un pompeux diadème
« J'ai tressé pour jamais le lys éblouissant.

« Ces hommes, sortis dieux de ces luttes austères,
« Ont préparé leur voie à ces grands caractères
« Des vérités du Ciel éclatants défenseurs.....
« Ces siècles ont passé, mais le torrent des âges
« A vu briller toujours sur tes nobles ouvrages
« De mon éternité les rayons précurseurs.

(') Seipsum tradidit pro me.
('') Victor mortis et inferni.

« Trônes, rois, nations, vaine ombre de puissance,
« Qu'aux pieds d'un dieu mortel l'erreur humaine encense,
« Tomberont comme un astre éclipsé de mes cieux ;
« Mais Toi, qu'un sein fécond allaita de conquêtes,
« Toi, tu verras passer la foudre et les tempêtes,
« Esclaves enchaînés à ton char radieux.

« Car des cieux où je vis, moi, ton époux, ton frère,
« Je confondrai les cris d'impuissante colère :
« La vague courroucée ici s'apaisera ;
« Ici, sur cette rive où chaque flot m'adore,
« Où l'Océan soumis fuit et revient encore ,
« Pour saluer d'amour le Dieu qui le créa !

« Deux mille ans ont passé depuis qu'à ta lumière
« J'ouvris, moi l'Éternel, ta brillante carrière,
« Colonne des états, astre des nations ;
« Partout j'offrais un monde au vol de tes conquêtes,
« Et quand des cris vainqueurs préparaient leurs tempêtes,
« Un peuple s'effaçait sous tes puissants rayons.

« Pour t'élever superbe au-dessus des ruines,
« Un pouvoir émané de mes grandeurs divines,
« Comme un sceptre royal fut placé dans tes mains ;
« Devant Toi prosternés, les peuples t'adorèrent,
« Les rois obéissants à tes pieds s'inclinèrent,
« Et le monde accueillit tes ordres souverains !

« Vingt peuples tour-à-tour, à tes leçons fidèles,
« Dans leur froid horizon ont secoué leurs ailes
« Pour nourrir leur espoir à tes rayons sauveurs ;
« Élus un jour sortis de l'arche tutélaire,
« Ils sont venus puiser dans le sein de leur mère
« L'aliment dont le Ciel prépare les saveurs !

« Tu ne reverras plus ce temps où tout se froisse,
« Où tout se lamentait dans une horrible angoisse,
« Quand sous tes yeux tombaient sceptres et nations :
« Tes enfants, le front ceint du laurier des victoires,
« Cesseront de pleurer sur le deuil de leurs gloires,
« L'herbe ne croîtra plus où passaient les lions.

« S'ils ont vécu long-temps sous l'aile des tempêtes,
« Le Ciel aux traits vengeurs dérobera leurs têtes,
« Mon amour lavera le venin des affronts ;
« Ils marcheront bénis par le Dieu qui console,
« Portant avec orgueil le radieux symbole
« Qu'une éternelle main a gravé sur leurs fronts !

« Ils sont rois, ils sont dieux, ces fils de mon empire !
« Ardents hier encore à brûler, à détruire,
« Leurs mains vont relever l'autel par eux souillé :
« Des débris de leur temple ils me feront des trônes ;
« Et même, un jour, le Ciel tressera des couronnes
« Pour ce monde d'erreurs aujourd'hui dépouillé ! »

III

Vogue donc sur ces flots que ma main te mesure,
Vaisseau qui portes Dieu ; déroule ta voilure,
Et brave l'ouragan sur tes mers ameuté.
Libre et fort, ton dédain survit à l'anathème :
Vogue sous l'œil du Ciel, qui te guide et qui t'aime !
Triomphe jusqu'aux jours de l'immortalité !

Qu'importe, autour de toi, que l'aile des tempêtes
Menace ta carène aux bords où tu t'arrêtes,
Les flots respecteront mon pouvoir et ma loi :
Des cieux, dont je suis roi, je te lègue l'empire : (*)
Et vainement l'enfer, ardent à tout détruire,
   Voudrait s'élever contre Toi !

Je le dis, moi ton Dieu, moi qui survis aux âges,
Moi qu'ont en vain frappé la haine et les outrages,
Dont la terre souilla son ère de beauté,
Moi qui, dans mon amour, soutiens ton espérance,
Tresse à ton front joyeux les fleurs de ma puissance,
Et qui lègue à ton nom ma propre éternité !...

(*) Tibi dabo claves regni cœlorum, et portæ inferi non prævalebunt.
(*Ev. S. Mat. 16-18.*)

EVANGELIUM
BIBLIA
SACRA

Contraste insuffisant

NF Z 43-120-14

www.ingramcontent.com/pod-product-compliance
Lightning Source LLC
Chambersburg PA
CBHW061112050726
47594CB00005B/1895